INSTRUCTION PUBLIQUE.

FACULTÉ DE DROIT DE STRASBOURG.

ACTE PUBLIC
SUR LES CAUSES

QUI

EMPÊCHENT, SUSPENDENT OU INTERROMPENT

LA PRESCRIPTION;

Soutenu à la Faculté de Droit de Strasbourg, le Jeudi 14 Novembre 1816, à quatre heures de relevée,

POUR OBTENIR LE GRADE DE LICENCIÉ EN DROIT,

PAR

G. L. J. B. CHAUFFOUR,

BACHELIER EN DROIT,

DE COLMAR (DÉPARTEMENT DU HAUT-RHIN).

STRASBOURG,

De l'imprimerie de LEVRAULT, impr. de la Faculté de Droit.

1816.

A MON RESPECTABLE

ET

TENDRE PÈRE,

BÂTONNIER

DE L'ORDRE DES AVOCATS A LA COUR ROYALE
DE COLMAR.

*Daignez ne pas considérer l'offrande,
mais l'intention.*

CHAUFFOUR L'AÎNÉ, fils.

M. Hermann, Doyen de la Faculté , Chevalier de l'Ordre
royal de la Légion d'Honneur.

EXAMINATEURS:

MM. Thieriet de Luyton,
    Laporte,   } Professeurs.
    Arnold,
    Bloechel .... Suppléant.

La Faculté n'entend approuver ni désapprouver les opinions particulières au Candidat.

DES CAUSES

QUI

EMPÊCHENT, SUSPENDENT OU INTERROMPENT
LA PRESCRIPTION.

La prescription est une partie de la jurisprudence aussi vaste par la multiplicité des objets qu'elle embrasse, qu'intéressante par l'usage journalier qu'on en fait dans les tribunaux.

Elle nous acquiert le bien d'autrui, ou elle nous affranchit d'une dette sans l'avoir acquittée. Sous ce point de vue, elle est une injustice, *impium præsidium.*

Nous consolidons par elle des droits, des propriétés légitimes : elle conserve ce qui est à nous; elle bannit les discordes; elle met un terme aux incertitudes; elle supplée aux titres péris; elle garantit les propriétés privées, comme les droits des nations et les limites des Empires; les palais et les cabanes reposent sous son égide; elle consacre, dans les mains du fils, le champ fécondé par la sueur de ses pères; elle est une institution de paix : et c'est en la considérant ainsi qu'on l'a justement appelée *la patrone du genre humain.*

Faudra-t-il donc, pour une juste application, en scruter l'origine, remonter au-delà de son commencement, et démêler si elle a pris naissance dans un acte d'envahissement, pour, dans ce cas, la repousser, ou dans un principe de conservation, pour alors la respecter?

Tout autant vaudroit-il regarder comme erroné l'assentiment de toutes les nations, qui l'ont placée dans leurs codes; car elle ne seroit plus rien si, pour la rendre légitime, il falloit qu'il

1

constât d'un droit antérieur : la preuve du droit antérieur suffiroit sans elle.

La prescription, celle qui se forme par le seul laps de temps prescrit par la loi, une fois acquise, n'a donc et ne peut avoir besoin pour son efficacité d'aucun secours. Elle opère par elle-même; elle équipolle au titre, parce que le plus souvent elle le supplée. Le droit sacré de la propriété, comme les droits, plus sacrés encore, de famille et d'illustration, seroient trop exposés, s'ils dépendoient de la conservation d'instrumens toujours périssables : le temps, au lieu de les affermir, les détruiroit. S'il est utile et nécessaire de respecter la possession, parce que souvent elle remplace un titre, il étoit juste et moral d'admettre qu'elle le remplace toujours; parce que, si elle n'a pas été précédée d'un contrat, le législateur a dû en voir un, ou, ce qui revient au même, un consentement, une renonciation, dans la longue patience de celui qui n'a pas réclamé contre sa dépossession.

La possession étant le principal attribut de la propriété, rien de plus raisonnable, ni de plus naturel, que de considérer le possesseur de la chose comme en étant le maître, le véritable propriétaire y consentant par son silence.

Une considération importante fortifie encore cette doctrine, lorsqu'on réfléchit qu'elle ne protège pas seulement l'individu qui possède, mais le public, que la confiance d'une apparente propriété induiroit en erreur.

De là la conséquence que la prescription est un moyen favorable, qu'aucune prévention de fraude ne doit repousser; qu'elle produit à juste titre tous les effets d'un contrat légitime, et qu'elle ne peut devenir nulle et improbante que lorsqu'elle manque des caractères essentiels que la loi lui a imposés.

C'est dans la défaillance de ces caractères que prennent naissance les causes qui seules s'opposent à son efficacité, ou qui en suspendent ou interrompent le cours.

Ces causes sont déterminées par la loi civile : il n'est pas permis d'en chercher ailleurs ; et c'est d'elles qu'on va traiter dans cette Dissertation sommaire.

$§. 1.^{er}$

Des causes qui empêchent la prescription.

La possession est la détention ou la jouissance *d'une chose ou d'un droit que nous tenons ou que nous exerçons par nous-mêmes, ou par un autre qui la tient ou qui l'exerce en notre nom.* (Art. 2228 du Code civil.)

Pour pouvoir prescrire, il faut une possession continue et non interrompue, paisible, publique, non équivoque, et à titre de propriétaire. (Art. 2229 du Code civil.)

La règle générale et systématique est que la prescription cesse chaque fois que la possession manque d'un des caractères déterminés par la loi, et qu'elle ne cesse que dans ces cas.

Reprenons ces caractères.

Elle doit être CONTINUE ET NON INTERROMPUE.

Discontinuité de la possession.

Il est sensible que, la loi ayant attaché la prescription à une certaine durée de temps, elle ne seroit pas acquise, si la possession n'avoit subsisté qu'une moindre partie de temps, soit qu'elle eût cessé par le fait du possesseur, ou qu'elle eût été interrompue par le fait de celui contre lequel elle couroit. Il est seulement à noter sur ce point, que *le possesseur actuel qui prouve avoir possédé anciennement, est présumé avoir possédé dans les temps intermédiaires, sauf la preuve du contraire* (Art. 2234 du C. civ.); et que, *pour compléter la prescription, on peut joindre à sa possession celle de son auteur, de quelque manière qu'on lui ait succédé, soit à titre universel ou particulier, soit à titre lucratif ou onéreux.* (Art. 2235.)

Imprescriptibilité de la chose par sa nature ou sa destination.

La prescription étant par la loi un moyen d'acquérir, il est tout conforme à son essence, à la raison et à la justice, qu'elle ne puisse profiter que dans les cas où la chose eût pu être acquise à l'aide d'un contrat. On ne peut donc prescrire, de même qu'on ne pourroit acquérir, par la voie d'un contrat, les choses qui ne sont pas dans le commerce. (Art. 2226 Code civil.)

Requiritur (dit la loi romaine 9, *ff. de usucap. et usurp.*), *ut res alienationem recipiat..... nec usucapiuntur res sacræ, sanctæ, publicæ.*

La règle est donc de regarder comme hors du commerce, et par conséquent imprescriptibles, toutes les choses non susceptibles d'être exclusivement possédées par des individus. Notre Code désigne comme telles (art. 538 et 540), *les chemins, routes et rues à la charge de l'État, les fleuves et rivières navigables ou flottables, les rivages, lais et relais de la mer, les ports, les havres, les rades, les portes, murs, fossés, remparts des places de guerre et des forteresses.* Il est, en effet, sensible, que l'utilité et la nécessité publiques résistent à ce que de pareilles choses deviennent par aucun moyen la propriété d'un individu.

Notre Code ne parle point expressément des choses sacrées ou religieuses ; mais, après l'énumération donnée par l'art. 538, il ajoute : *et généralement toutes les portions du territoire françois qui ne sont pas susceptibles d'une propriété privée ;* ce qui a fait dire à M. de MALEVILLE, qu'un individu ne sauroit prescrire une église, un cimetière. Le Code Romain abonde, sur ce sujet, de dispositions dictées par le plus profond respect pour les choses saintes.

Si l'art. 2227 a statué, par dérogation aux anciens principes et notamment à l'Édit de 1539, sur l'inaliénabilité des domaines de la Couronne, que *l'État, les établissemens publics et les communes sont soumis aux mêmes prescriptions que les particuliers*, cela ne doit s'entendre que des domaines susceptibles d'une propriété privée, et non des choses qui, par leur nature et leur destination, sont vouées à un usage public, telles que les domaines immobiliers, que nous avons déjà cités, et les droits incorporels tenant à la souveraineté ou à la puissance publique. En un mot, l'on ne peut pas s'égarer sur ce point, en se tenant fortement à la règle, qu'on ne peut prescrire que les choses susceptibles, comme l'a dit M. BIGOT dans la discussion du Code, *d'être exclusivement possédées par un individu.*

Violence.

La possession doit être PAISIBLE, dit notre Code. Le Droit romain renfermoit laconiquement toutes les causes dirimentes de la prescription dans ces mots, *nec vi, nec clam, nec precario.*

Elle doit être paisible : cela devient manifeste, lorsqu'on réfléchit que le fondement moral de la prescription repose sur le consentement présumé de celui contre lequel elle s'exerce. La présomption du consentement est nécessairement exclue dans le cas de la violence. La loi ayant dit, au titre des contrats, article 1109, *qu'il n'y a point de consentement valable, s'il a été extorqué par violence*, et ayant fait de la violence une cause de rescision contre les conventions, elle a dû, par une conséquence immédiate, statuer, au titre des prescriptions (art. 2233), que *les actes de violence ne peuvent fonder une possession capable d'opérer la prescription, et que la possession utile ne commence que lorsque la violence a cessé.*

ELLE DOIT ÊTRE PUBLIQUE.

Clandestinité.

De là la conséquence que la possession clandestine est nulle.

En effet, il n'est pas possible de présumer le consentement de quelqu'un à tolérer des actes qu'il ignore, ni de se prévaloir contre lui de sa patience.

Il y a clandestinité chaque fois que les actes de la possession ne se sont pas manifestés, pour celui à qui l'on voudroit les opposer, par des actes extérieurs. Tels sont les travaux souterrains, et en général toutes les entreprises non patentes pour lui.

On est possesseur clandestin (dit la loi 6, *ff. de acquirenda et amittenda possessione*), lorsque, appréhendant une contestation, l'on entre en possession furtivement et par des actes obscurs qu'on croit ne devoir pas venir à la connoissance des parties intéressées, parce qu'il est difficile qu'elles les sachent. *Clam possidere eum dicimus, qui furtive ingressus est possessionem, ignorante eo quem controversiam facturum suspicabatur, et ne faceret timebat.*

Il faut donc qu'on ait eu sujet de craindre une contestation, et qu'on se soit caché pour l'éviter. Mais on ne sera pas moins possesseur clandestin pour ne l'avoir point appréhendée quand on a eu sujet de la craindre. Il en est de même lorsqu'on a eu dessein de se cacher d'une personne que l'on croyoit avoir intérêt à la chose, quoiqu'elle n'y en eût point, pourvu qu'une autre personne y fût intéressée. On reconnoît à ces traits le possesseur de mauvaise foi, qui sent que ce dont il doit jouir ne lui appartient pas, et qui tâche de dérober sa possession aux yeux du public, particulièrement des personnes qui auroient droit de la troubler.

Celui qui fait un acte qu'on lui avoit défendu, ou qui agit immédiatement après avoir déclaré qu'il le feroit, n'est pas censé le faire à l'insçu de son adversaire. *Quia taciturnitas et patientia consensum imitantur.* Mais s'il le fait long-temps après, ou qu'il ait écarté la partie intéressée pour qu'elle n'en fût pas instruite, l'acte sera réputé clandestin.

Les personnes intéressées sont présumées avoir su ce qu'elles ont vraisemblablement pu savoir. Il faut s'informer de ce à quoi l'on a intérêt, et, si on ne le fait pas, on doit s'imputer ce que l'on en souffre. Si on ne l'a pas su, on doit le savoir quand l'acte est public; ce qui produit le même effet que si l'on en avoit été informé, parce qu'on ne l'ignore que par une faute grossière qui ne mérite point de faveur.

La possession doit être NON ÉQUIVOQUE ET A TITRE DE PROPRIÉTAIRE.

Faculté.

Par ces mots la loi dépouille de l'effet de la prescription nombre d'actes possessoires extérieurs; et c'est, de toute la matière de la prescription, ce qui exige le plus d'attention et de discernement.

La possession, pour opérer prescription, se compose du fait et de l'intention. Il ne suffit pas de détenir naturellement la chose; il faut avoir la volonté d'en jouir comme maître. *Non possidet, qui affectionem tenendi non habet, licet corpore suo rem contingat.* (*L.* 1.ᵉʳ, §. 3, *ff. de acquir. vel amitt. possess.*) *Adipiscimur possessionem corpore et animo, neque per se animo, aut per se corpore.* (*L.* 3, §. 1, *eod.*)

L'intention peut se rencontrer sans le fait : c'est la possession du propriétaire qui jouit par un autre, ou qui ne jouit pas du tout, laissant par exemple reposer son fonds dans l'intention d'en jouir plus tard.

Le fait peut exister sans l'intention : c'est le cas de tout détenteur qui sait ne pas être le maître. Dans le pur langage du Droit, ce n'est pas même une possession; c'est le cas du fermier : il est en possession, dit la loi; mais il ne possède pas.

De la nécessité que l'esprit doit être uni au fait, vient la règle que la possession est inutile dans les cas de toute détention ou déterminement précaire ou seulement équivoque, c'est-à-dire, accompagnée de circonstances qui feroient présumer le précaire, ou l'absence de la volonté de l'un d'acquérir le droit, et de l'autre de le perdre.

Ainsi, dit notre Code, art. 2232, *les actes de pure faculté et ceux de simple tolérance ne peuvent fonder ni possession ni prescription;* et, art. 2236, *ceux qui possèdent pour autrui, ne prescrivent jamais, par quelque laps de temps que ce soit.*

Ce qui est de pure faculté, dit Dunod de Charnage, n'est pas prescriptible. Il cite le vain pâturage que les communes exercent dans leur territoire : *Fas est, jus non est.* Il peut être exercé, lorsqu'il ne l'auroit jamais été ; et quand il l'auroit toujours été, chaque propriétaire a la faculté de s'y soustraire par la clôture de son fonds, ou en changeant la nature de l'héritage. Nombre d'autres actes sont pareillement libres et facultatifs : tel le droit d'établir un bâtiment sur son fonds ; de faire un puits, quoique, en le faisant, on coupe les veines de celui du voisin ; d'abandonner un four, un moulin qu'on a fréquenté d'un temps immémorial, etc., etc. Ces actes, essentiellement libres, ne cesseroient que par une servitude prohibitive contraire, bien justifiée et bien caractérisée.

Actes de tolérance et de familiarité.

Il en est de même des actes de simple tolérance ou de familiarité. Ce sont tout autant de précaires tacites, qui ne peuvent donner ni enlever de droit, parce qu'ils présument la prière de celui qui en use, et la permission tacite de l'autre. Tel est, dit encore Dunod, le tour de charrue, qui n'empêche pas le voisin de clore : telles sont en général ces familiarités de voisinage, comme de passer d'un champ sur un autre après la dépouille, de puiser de l'eau à une fontaine voisine, de traverser un héritage, un enclos, etc., etc., parce que, ces choses étant souvent sans conséquence, il est ordinaire que le maître ne les défende pas.

Il n'est cependant pas à dire que ces choses soient imprescriptibles et toujours à attribuer à la familiarité ; elles peuvent vraiment être prescrites : mais il faut, suivant les docteurs, qu'il y ait quelque cause apparente, ou conjecture probable, tirée de la qualité de personnes, ou de celle de la chose, que l'on en a usé par droit, et non par grâce ou par familiarité. Hors de là le peu d'importance de ces actes et l'usage de les tolérer les feroient rapporter au titre précaire. La théorie est simple; mais les cas d'application peuvent tellement varier et se compliquer, qu'il est indispensable de les abandonner au discernement du juge.

Précaire.

La difficulté est moindre, et tout est réglé par la loi même, dans le cas du précaire prouvé.

C'est le cas du fermier, du dépositaire, de l'usufruitier et de tous autres qui détiennent la chose d'autrui : ni eux, ni leurs héritiers ne peuvent prescrire (art. 2236 et 2237 du Code). La raison, la justice, la morale ne permettent point de se changer à soi-même la cause et le principe de sa profession (art. 2240). *Nemo sibi causam possessionis mutare potest.* La raison en est que tous ceux qui détiennent ainsi la chose, *non sibi, sed domino possident.* Ils ne possèdent pas même, à proprement parler, comme nous l'avons déjà dit. Ne possédant pas la chose, comment la prescriroient-ils? Ils n'en ont que la garde, la perception des fruits : *Sunt in possessione, sed non possident.*

Ainsi, en vain un fermier, un dépositaire, un engagiste, leurs héritiers, auroient-ils été cent et mille ans en possession. Le titre venant à paroître, tout s'explique par lui. La cause précaire de leur possession est la même au bout de mille ans que le premier jour.

Cependant il est une exception à la règle. Elle dérive de ce que l'on appelle en droit interversion de la possession. *Ces personnes peuvent prescrire, si le titre de leur possession se trouve interverti, soit par une cause venant d'un tiers, soit par la con-*

tradiction qu'elles ont opposée au droit du propriétaire. Ceux à qui les fermiers, dépositaires et autres détenteurs précaires ont transmis la chose par un titre translatif de propriété, peuvent prescrire. (Art. 2238 et 2239 du Code.)

— Le Code indique les manières à l'aide desquelles le possesseur précaire peut intervertir la cause de sa possession, et la rendre capable d'opérer la prescription, d'incapable qu'elle étoit auparavant.

Quant au possesseur précaire lui-même, il n'en est que deux : il faut que l'interversion vienne d'un tiers, ou de la contradiction qu'il oppose au propriétaire.

Il en est une troisième, au profit de l'étranger à qui le possesseur a transmis la chose par un titre translatif de propriété.

Il y a interversion par cause venant d'un tiers, lorsque le fermier, par exemple, achète ou reçoit le bien qu'il détenoit par donation d'un autre que du bailleur.

Il y a interversion, puisqu'alors le fermier ne possède plus à titre de bail, mais à titre de propriété : *animo dominii.*

Cela peut arriver sans fraude, lorsqu'un autre que le bailleur est ou se croit le vrai propriétaire de la chose, et l'aliène.

Le fermier, devenu acquéreur, ne payant plus de fermage, le bailleur est averti de sa prétention, et s'il la tolère, il subit la peine de sa patience et de sa taciturnité par la prescription. Cependant les auteurs observent avec raison qu'alors il n'y a d'admissible pour la prescription que le laps de trente ans, c'est-à-dire, la prescription *longissimi temporis*, et non celle de dix années, qui suffit en d'autres cas, lorsqu'elle est accompagnée d'un juste titre et de bonne foi.

Par une même conséquence, il y a interversion et, par conséquent, commencement de possession utile, lorsque le détenteur précaire oppose de la contradiction à celui dont il tient la chose, en soutenant que ce n'est pas comme fermier, mais comme propriétaire, qu'il possède. Ici encore, le bailleur averti encourt à juste titre la peine de sa négligence à agir.

En général, les contradictions ouvrent la carrière de la prescription à tout ce qui peut être prescrit, soit activement, soit passivement ; mais il faut que les actes de contradiction soient formels et positifs.

Enfin, il y a interversion au profit de celui à qui le fermier a vendu ou donné la chose, par le principe que l'on prescrit par possession de dix ans ce que l'on auroit acquis par juste titre, *à non domino* (art. 2265 du Code). C'est au propriétaire à veiller. Deux choses l'avertissent : l'interruption pendant un temps considérable du paiement des canons, et la connoissance qu'il est présumé avoir, par la publicité de la possession, que son héritage a passé en d'autres mains.

Au reste, dans tous les cas, le propriétaire, ainsi dépouillé, conserve un recours pour le prix de sa chose contre celui qui se seroit avisé de l'aliéner sans droit.

Si le titre, lorsqu'il établit le précaire, est un empêchement à la prescription ; s'il est de règle, hors les cas d'interversion, que, lorsque le titre paroît, tout s'explique par lui (d'où est venu l'axiome que, *ad primordium tituli totus formatur eventus*) ; si de là est né cet autre adage que, *melius est non habere titulum, quam habere vitiosum*, l'objection du titre vicieux doit se borner à ce qui est de l'essence du titre, et non à ce qui est accidentel. D'après la règle énoncée aux articles 2240 et 2241 du Code, l'on ne peut prescrire contre son propre titre pour se changer à soi-même la cause de sa possession, mais bien pour se libérer de l'obligation qu'il renferme.

§. 2.

Des causes qui suspendent le cours de la prescription.

Outre les empêchemens absolus et dirimans, il en est de temporaires, durant lesquels *dormit præscriptio.*

Le Code, dans les articles 2251 à 2259, en a déterminé avec précision les cas, et ne laisse rien à désirer pour la clarté de ses dispositions.

Le principe dont il est parti, est que, *contra non valentem agere non currit præscriptio.* Rien n'est plus juste, ni plus conséquent, puisque la prescription se fonde sur le consentement présumé de celui contre qui l'on prescrit.

Minorité, interdiction.

Au premier rang des incapables d'agir la loi a placé les mineurs et les interdits, c'est-à-dire, ceux qui sont privés de l'administration personnelle de leurs biens. Elle n'y a fait d'autres exceptions que pour les prescriptions de très-courte durée, telles que celles contre les maîtres et instituteurs, les hôteliers, les gens de travail, les marchands, les arrérages de rentes, pensions, intérêts, etc.; mais elle a réservé, dans ce cas, aux mineurs et interdits leur recours contre leurs tuteurs (art. 2278). L'on doit ranger dans la même catégorie d'exceptions les délais de procédure.

Notre Code a innové avec raison, en ce point, au Droit romain, qui distinguoit entre la minorité et la pupillarité, et faisoit courir la prescription de trente ans à dater de l'âge de puberté.

La loi place ensuite au nombre des incapables les époux, mais non pas aussi absolument que les mineurs et les interdits.

Dépendance résultant de l'état du mariage.

La prescription court contre la femme mariée, même non sé-

parée de biens, *à l'égard des biens dont le mari a l'administra-*
tion, sauf son recours contre le mari (art. 2254).

Mais il y a exception,

1.° Lorsqu'il s'agit d'aliénation, par le mari, d'immeubles dotaux
constitués selon le régime dotal, non déclarés aliénables par le
contrat de mariage (articles 1561 et 2255);

2.° Lorsque l'action de la femme dépend de son option d'accep-
tation, ou renonciation à la communauté : il est évident alors
qu'il faut attendre l'événement de la dissolution (art. 2256);

3.° Et lorsque l'action de la femme réfléchiroit contre son mari,
à raison de la garantie qu'il auroit contractée en vendant le bien
propre de sa femme, ou pour toute autre cause (*eod.*). Cette
suspension résulte naturellement de l'état de dépendance dans
laquelle la femme est placée par la puissance maritale.

Si la loi a modifié les cas de suspension de prescription à
l'égard de la femme mariée vivant en communauté conjugale,
lorsqu'ils intéressent des tiers, il n'y avoit nulle difficulté à rendre
la règle de suspension absolue, lorsqu'il ne s'agit que de l'intérêt
des époux entre eux (art. 2253). Il est en effet impossible, d'après
les sentimens et les devoirs mutuels de protection et de soumis-
sion que les lois divines et humaines recommandent aux personnes mariées, qu'elles puissent entrer dans un état d'hostilité
et d'envahissement l'une envers l'autre, et que, tandis que les lois
gênent même, sous quelques rapports, les contrats entre elles,
elles pussent indirectement acquérir l'une de l'autre par prescription.

L'on ne peut placer parmi les causes de suspension, celles
qui concernent les héritiers et les successions vacantes. Notre
Code en a parlé aux art. 2258 et 2259.

L'héritier majeur, succédant *in universum jus* , ne peut pas
prétendre être mieux traité que celui qu'il représente. Il a même
capacité de veiller à ses droits. Les délais pour faire inventaire et

pour délibérer n'étant institués qu'en sa faveur, et la règle étant que le mort saisit immédiatement le vif, il n'y a nulle raison pour suspendre contre le tiers le cours de la prescription.

Les mêmes motifs s'appliquent aux successions vacantes, quoique non pourvues de curateurs. Ce n'est pas la faute du tiers, si la succession est abandonnée et qu'on ne la mette pas en état d'agir.

Succession bénéficiaire.

Mais l'héritier bénéficiaire, qui étoit à la fois créancier de celui à qui il succède, réunit ainsi deux qualités. La confusion qui en dérive, ne subsiste cependant qu'autant que les deux qualités restent jointes.

L'héritier bénéficiaire pouvant répudier la succession qui le rendoit débiteur envers lui-même, il est juste qu'il puisse reprendre entiers les droits de créance, sans qu'on puisse compter pour la prescription le temps où, étant à la fois créancier et débiteur, il n'a pu agir contre lui-même.

Absence : service militaire.

Notre Code n'accorde aucun privilége aux absens et militaires, si ce n'est aux absens dans le cas de la prescription décennale (art. 2265) : mais la loi a posé en principe, par l'article 2251, qu'il peut être créé des exceptions par des lois spéciales; et c'est ainsi qu'il en avoit été fait une, par la loi du 6 Brumaire an V, en faveur des militaires pendant la durée de la guerre d'alors.

Outre les causes suspensives procédant de la qualité des personnes, il en est qui découlent de la suspension même du droit ou de l'action : le Code les indique nettement dans son article 2257.

Obligations conditionnelles, à terme; actions en garantie.

On ne peut prescrire une dette conditionnelle, tant que la condition n'est pas arrivée, parce que, tant que la condition n'est pas arrivée, on ne peut pas agir, et que nul ne prescrit contre celui qui n'a pas d'action.

La prescription dort tant que la condition est en suspens. Dans ce cas se trouve pleinement l'application de la maxime, *contra non valentem agere non currit præscriptio*. Il n'y a pas de doute, par le même motif, que la prescription ne soit suspendue jusqu'à l'échéance du terme, dans les obligations à jour, et jusqu'à l'éviction à l'égard d'une action en garantie; parce que, encore un coup, jusque-là l'on ne pouvoit agir.

§. 3.

Des causes qui interrompent la prescription.

La prescription se fondant principalement, comme nous l'avons déjà dit plusieurs fois, sur le consentement présumé de l'adversaire, il n'est pas de moyen plus naturel et plus favorable pour la rompre que son opposition, sa contradiction, soit qu'elle se manifeste par la reprise de la possession, soit par une interpellation judiciaire. Il en résulte d'ailleurs que la possession cesse d'être paisible, et qu'elle manque, par conséquent, d'un de ses caractères constitutifs.

Il existe une différence entre l'interruption et la suspension de la prescription, qui consiste en ce que les années de possession écoulées avant l'interruption ne se comptent pas, et qu'il faut recommencer à prescrire tout de nouveau; au lieu que, lorsque la prescription est seulement suspendue, les années antérieures comptent.

Or donc, interrompre une prescription commencée, c'est rendre inutile le temps qui a précédé, et obliger le possesseur de recommencer, comme s'il n'avoit pas été auparavant dans la voie de la prescription. Les anciens jurisconsultes appeloient ce moyen *usurpatio*, et nous le nommons *interruption* : son effet est d'empêcher la prescription, puisqu'il faut, pour l'acquérir, que la possession soit continuée sans trouble et sans empêchement. Ces moyens sont tirés de la nature, ou de la loi : c'est pourquoi l'on distingue l'interruption en naturelle et civile.

Dépossession.

La prescription est interrompue naturellement, par rapport à la possession, qui doit être continuée au moins civilement jusqu'à la fin, lorsque le possesseur, ne se regardant plus comme maître, cesse volontairement de posséder, ou lorsqu'il est déjeté de sa possession, soit par l'ancien propriétaire, soit par un autre qui jouit lui-même pendant un temps considérable, c'est-à-dire, pendant plus d'une année, durant laquelle on peut exercer l'interdit possessoire et se faire maintenir en possession. (Art. 2243 du Code.)

L'on perd aussi la possession des droits incorporels et des servitudes, lorsqu'on cesse de posséder les fonds auxquels ils sont attachés, ou qu'on est empêché d'en jouir par celui contre lequel on prétend les prescrire, et qui ne veut plus en souffrir l'exercice : *cessante patientia.*

Interpellations judiciaires.

L'interruption civile se fait par des actes que la loi détermine, et par lesquels elle feint que la possession est interrompue. Ainsi, une simple citation en justice, un commandement ou une saisie, signifiés à celui qu'on veut empêcher de prescrire, suffisent pour interrompre. (Art. 2244 du Code.)

Le Code, art. 2245, donne le même effet à la citation en conciliation, lorsqu'elle est suivie d'une assignation en justice donnée dans le délai de droit ; délai que le Code de procédure civile, article 57, a limité au mois à dater de la non-comparution ou non-conciliation.

Si le demandeur s'est désisté de sa demande, ou s'il a perdu son procès, l'assignation ne pourra pas lui servir pour en induire une interruption. Il en est de même s'il a laissé périmer l'instance, ou que l'assignation soit déclarée nulle par défaut de forme, parce que, étant anéantie dans tous ces cas, elle ne doit avoir aucun effet. (Art. 2247 du Code.)

Cependant une assignation valable dans sa forme, mais donnée à comparoître devant un juge incompétent, suffit pour interrompre la prescription (art. 2246). Cette décision est très-équitable, car elle est une preuve de la diligence de celui qui se pourvoit en justice ; elle met celui qui prescrit en demeure, et efface la présomption que formoit le long silence du créancier ou du propriétaire.

« On a d'abord de la peine, dit M. de MALEVILLE, à saisir la
« grande différence qu'il y a entre une citation nulle et une
« citation donnée devant un juge incompétent, pour faire que la
« première n'interrompe pas la prescription, et que l'autre l'inter-
« rompe : mais c'est que, la citation étant nulle, elle ne peut pro-
« duire aucun effet ; que, n'étant pas revêtue des formalités légales,
« on ne peut la croire sur rien ; au lieu que la seconde, quoique
« donnée devant un juge incompétent, n'est pas pour cela nulle,
« et peut instruire celui à qui on l'adresse. »

Pour l'efficacité de l'interruption par l'une des interpellations judiciaires dont nous avons parlé, il suffit, suivant l'article 2249, s'il y a plusieurs débiteurs solidaires, qu'elle ait été faite à l'un d'eux, et, suivant l'article 2250, s'il y a une caution, qu'elle ait été faite au débiteur principal ; elle vaut alors contre tous, et même contre leurs héritiers.

Il n'en seroit pas de même de l'interpellation faite à l'un des héritiers d'un débiteur solidaire. Elle seroit sans valeur vis-à-vis des autres co-héritiers, parce qu'entre héritiers les obligations se divisent, à moins qu'il ne s'agisse d'une obligation indivisible, selon la définition qu'en donne l'article 1218 du Code.

Reconnoissance du possesseur.

Enfin vient, au nombre des interruptions, celle dont parle l'article 2248, et qui est *la reconnoissance que le débiteur ou le possesseur fait du droit de celui contre lequel il prescrivoit.*

Il est très-naturel qu'on ne prescrit qu'autant qu'on le veut, puisque, comme nous l'avons dit, il n'y a point de possession sans volonté, sans intention.

Si le débiteur reconnoît la dette par quelque acte que ce soit, s'il paie une partie du capital ou les arrérages sans protestation, s'il prête caution, s'il demande un délai pour payer ; en un mot, toutes les fois qu'il se fait quelque chose, entre le créancier et le débiteur, le possesseur et le propriétaire, qui emporte un aveu exprès ou tacite de la dette, du droit ou de la propriété, ce sera une interruption civile conventionnelle, qui empêchera le cours de la prescription.

Quoties actus tacitam aut expressam, vel præsumptam juris alieni vel debiti confessionem implicat, toties fit interruptio civilis.

F I N.

www.ingramcontent.com/pod-product-compliance
Ingram Content Group UK Ltd.
Pitfield, Milton Keynes, MK11 3LW, UK
UKHW021719090726
13657UKWH00005B/2347